Claude Debussy

1862 – 1918

Berühmte Klavierstücke

Famous Piano Pieces

Pièces célèbres pour piano

Band 1: leicht

Volume 1: easy

Volume 1: facile

Herausgegeben von / Edited by / Edité par
Wilhelm Ohmen

ED 9034
ISMN 979-0-001-13028-8

Band 2 / Volume 2
ED 9037

www.schott-music.com

Mainz · London · Berlin · Madrid · New York · Paris · Prague · Tokyo · Toronto
© 2001/2017 SCHOTT MUSIC GmbH & Co. KG, Mainz · Printed in Germany

Inhalt · Contents · Contenu

Cover: H. J. Kropp
unter Verwendung des Gemäldes von Claude Monet
„Water-Lilies" (Wasserlilien), 1914-1917.
Toledo Museum of Art, Ohio

Vorwort

Claude Achille Debussy wurde am 22. August 1862 in St. Germain-en-Laye geboren und starb am 25. März 1918 in Paris. Der vorliegende Band enthält leichte bis mittelschwere Klavierwerke des Komponisten und ist somit geeignet, dem fortgeschrittenen Schüler, aber auch dem interessierten Klavierliebhaber den Zugang zur impressionistischen Klangsprache und speziellen Klavieristik Debussys zu erleichtern. Debussys Klaviermusik erfordert vom Interpreten viel Klangsinn, einen differenzierten Anschlag und Phantasie in der Gestaltung. Pianistisch reizvolle und kapriziöse Stücke mit viel Ironie stehen traumhaften, zarten, improvisatorisch anmutenden Stimmungsbildern gegenüber.

Ein spezielles Problem der Interpretation bildet die Pedalisierung. Von Debussy gibt es hierzu so gut wie keine Angaben. In einigen Stücken allerdings weisen Bögen, die ins Leere greifen, unmissverständlich darauf hin, dass die betreffenden Akkorde – ungeachtet der darüberliegenden Figuren – im Pedal gehalten werden sollen. Debussys Klaviermusik erfordert grundsätzlich häufigen Pedalgebrauch. In ruhigen Stücken, meist mit *lent, grave* oder *calme* bezeichnet, dient das Pedal vor allem dazu, länger angehaltene Klänge obertonreicher und farbiger werden zu lassen und verschiedene Lagen der Klaviatur miteinander zu verbinden, was durch die beiden Hände allein nicht erreicht werden könnte. Die verschiedenen Klang- und Harmonie-Ebenen sind sauber und genau zu staffeln und voneinander abzugrenzen, wobei die Melodieführung immer hell und klar bleiben sollte.

Die Fingersätze stammen vom Herausgeber. In Klammern gesetzte Fingersätze sind alternativ anzuwenden. An vielen Stellen, vor allem bei parallel verschobenen Akkorden, ist ein Legato nur mit Hilfe des Pedals möglich. Ein Fingerlegato empfiehlt sich aber überall dort (auch bei Benutzung des Pedals), wo es der Notentext erlaubt. Man scheue sich nicht vor stummen Wechseln - sie ermöglichen ein natürliches, dichtes Legatospiel.

Zusätze des Herausgebers, mit Ausnahme der Zeichen (⌈) für die Verteilung auf beide Hände, sind in eckige Klammern gesetzt. Vom Komponisten liegen für diese Stücke so gut wie keine Metronomangaben vor. Die Metronomzahlen des Herausgebers sind Vorschläge, die individuell geringfügig variiert werden können.

Die häufigen Anweisungen des Komponisten im Notentext zu Dynamik, Klangfarbe und Tempoveränderungen sind äußerst exakt. Ein Ritardando ist daher nur an den mit *rit., retenu* oder *cédez* bezeichneten Stellen auszuführen. Ein *tempo rubato* ist, wenn vom Komponisten nicht ausdrücklich gefordert, nach Meinung des Herausgebers zu vermeiden. Besonders die ruhigen Stücke sind mit gleichmäßiger, bisweilen auch statischer Ruhe vorzutragen.

Wilhelm Ohmen

Preface

Claude Achille Debussy was born 22 August 1862 at St. Germain-en-Laye and died on 25 March 1918 in Paris. The present volume contains a selection of Debussy's piano works, however, only relatively easy to moderately difficult pieces have been included, thus it is suitable for both the advanced student and the interested amateur pianist as well as serving generally as an introduction to Debussy's musical idiom an his characteristic keyboard style. Debussy's impressionistic piano music demands from the player a keen sense of tone colour, a sensitive touch and an imaginative approach to form. Pieces with a capricious and pianistic charm and much irony are here contrasted with dream-like, subtle mood impressions which seem to have the character of improvisations.

A special problem regarding the interpretation arises from the use of the pedals for which Debussy has given hardly any indications. However, in some of the pieces there are open ties which clearly indicate that the respective chords – regardless of any figure above them – should be sustained by means of the pedal. In general, Debussy's piano music calls for frequent use of the pedals. In pieces of a tranquil character, mostly those with such indications as *lent*, *grave* or *calm*, the pedal should serve, above all, for the intensification of tone colour and harmonics in sustained notes and chords, and to balance the different ranges of the keyboard. This would be impossible to achieve by the use of the hands alone. The various levels of tone colour and harmony are to be separated neatly and exactly, while the melodic line should always be bright and clear.

Fingerings have been added by the editor, and those shown in brackets are suggested as alternatives. In many instances, particularly in parallel chord progressions, legato playing can only be achieved by the use of the pedal. Nevertheless, whenever the musical text permits, finger legato is recommended (even when the pedals are used). Silent finger changes are encouraged – they facilitate a natural and clearly joined legato.

The editor's additions, apart from the sign (⌐) for the division between the two hands, are shown in square brackets. The composer has provided virtually no metronome indications for these pieces. Those given by the editor are meant as suggestions which can be slightly varied. Indications regarding dynamics, tone colour and changes of tempo, frequently given by the composer in the musical text, are very precise. A ritardando is therefore to be executed only in places marked *rit*, *retenu* or *cédez*. The editor maintains that a *tempo rubato* should be avoided. The tranquil pieces especially should be played evenly and at times also in a static manner.

Wilhelm Ohmen

Préface

Claude Achille Debussy est né à Saint Germain-en Laye le 22 août 1862 et mort à Paris le 25 mars 1918. Ce cahier présente un choix d'œuvres célèbres de moyenne difficulté pour piano du compositeur. Le cahier permet par conséquent l'accès à l'élève avancé, mais aussi à l'amateur de piano intéressé, au langage musical et au langage spécifique pour piano de Debussy. La musique impressionniste de Debussy exige de l'interprète un grand sens sonore, un toucher et une imagination différenciés dans la réalisation. Des pièces très attrayantes au niveau pianistique, capricieuses et pleines d'ironie contrastent avec des tableaux d'atmosphère rêveurs, tendres, donnant l'impression d'improvisations.

L'utilisation de la pédale constitue un problème spécial de l'interprétation. En outre, il n'existe pratiquement aucune indication venant de Debussy. Dans quelques pièces, des liaisons qui s'entendent dans le vide indiquent sans doute de manière très claire que les accords concernés doivent être portés par la pédale – en dépit des figures situées au dessus. La musique pour piano de Debussy exige fondamentalement un usage fréquent de la pédale. Dans les pièces calmes qui portent souvent les indications *lent*, *grave* ou *calme*, la pédale sert avant tout à prolonger l'effet de richesse et de couleur dans les harmoniques des sonorités arrêtées, et à relier différents registres du clavier, ce qui ne pourrait pas être atteint seulement par les mains. Les différents niveaux sonores et harmoniques sont à échelonner de manière nette et précise et à délimiter les uns des autres. La ligne mélodique devrait toujours rester claire et pure.

Les doigtés sont ajoutés par l'éditeur. Ceux figurant entre parenthèses sont à utiliser comme alternative. Dans de nombreux passages, avant tout dans les accords parallèles, le legato est seulement possible avec la pédale. Le legato du doigt est cependant conseillé partout (également lors de l'utilisation de la pédale), là où le texte musical le permet. On aura volontiers recours aux substitu- tions qui rendent possibles un jeu legato naturel et dense.

Les ajouts de l'éditeur, à l'exception du signe (⌐) visant la répartition entre les deux mains, figurent entre crochets. Pratiquement aucune indication métronomique du compositeur n'existe pour ces pièces. Les données métronomiques de l'éditeur sont des suggestions qui peuvent être légèrement variées individuellement.

Les directives fréquentes du compositeur dans le texte musical concernant les nuances, la couleur sonore et les variations de tempo sont extrêmement précises. Ainsi, un ritardando doit être exécuté uniquement dans les passages portant l'indication *rit.*, *retenu* ou *cédez*. Si le compositeur ne l'exige pas autrement, le *tempo rubato* est, aux yeux de l'éditeur, à éviter. Notamment les pièces calmes doivent être jouées en un calme régulier, quelquefois même statique.

Wilhelm Ohmen

The little negro
Cake walk

Claude Debussy
(1909)

*) Das Stück erschien 1909 zunächst in der „Méthode élémentaire de Piano" von Théodore Lack, und zwar in einer verkürzten Version (ohne die Wiederholung).
*) The piece was first published in 1909 in the „Méthode élémentaire de Piano" by Théodore Lack. This was in fact a shortened version (without repeats).
*) Le morceau parut d'abord en 1909 dans la „Méthode élémentaire de Piano" de Théodore Lack, mais dans une version raccourcie (sans la reprise).

© 2001 Schott Music GmbH & Co. KG, Mainz

La Fille aux cheveux de lin
Préludes I, No. 8

Claude Debussy
(1910)

Très calme et doucement expressif ♩ = 66 [♩ = 58]

In der Originalausgabe des Préludes stehen die Titel immer am Ende der Stücke.
In the original edition of the Préludes the titles are given at the end of each piece.
Dans l'édition originale des préludes, les titres se trouvent toujours à la fin des morceaux.

La Cathédrale engloutie
Préludes I, No. 10

Claude Debussy
(1910)

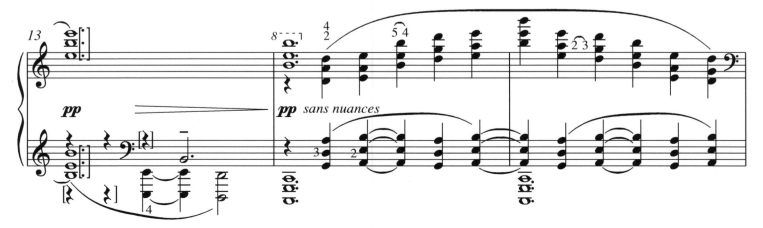

peu à peu sortant de la brume

sempre **pp**

augmentez progressivement sans presser

sonore sans dureté

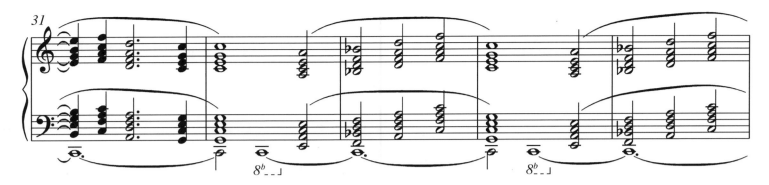

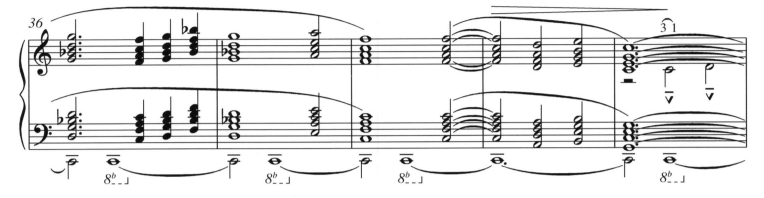

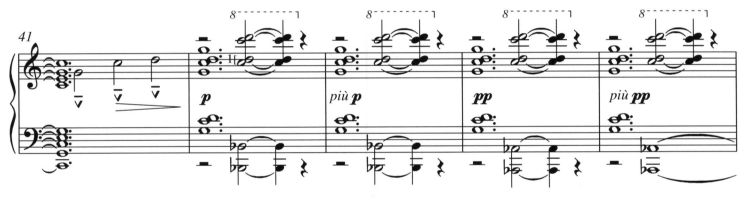

un peu moins lent
dans une expression allant grandissant

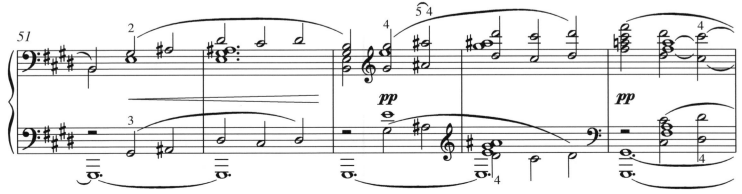

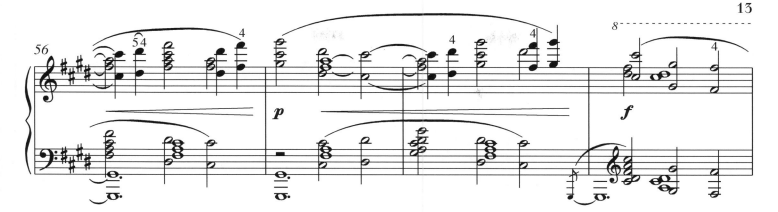

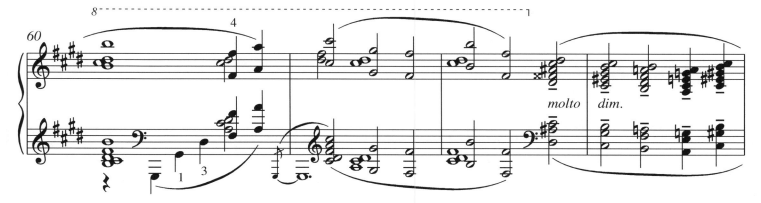

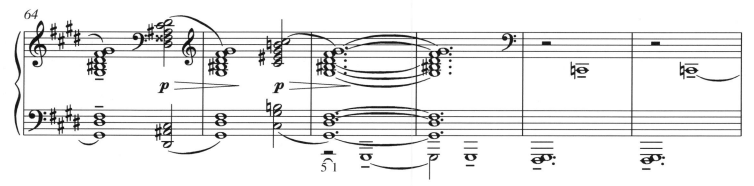

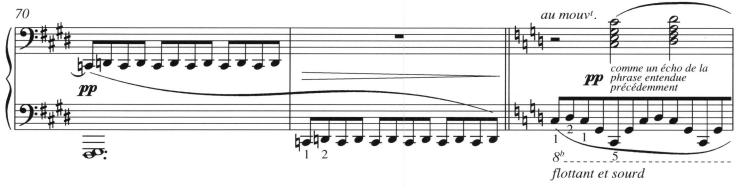

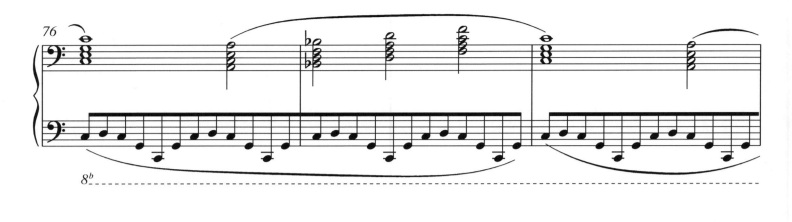

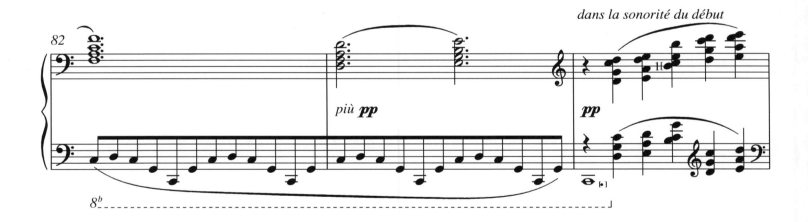

dans la sonorité du début

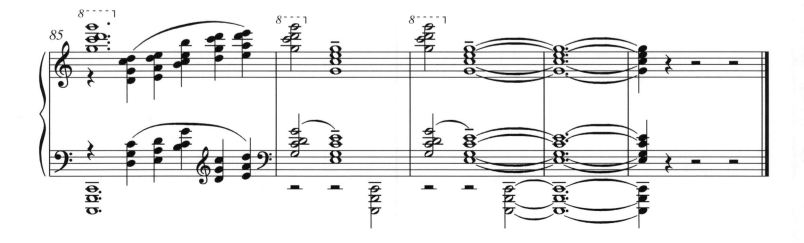

Children's Corner
1. Doctor Gradus ad Parnassum

Claude Debussy
(1906 – 1908)

Modérément animé [♩ = 144]

p *égal et sans sécheresse*

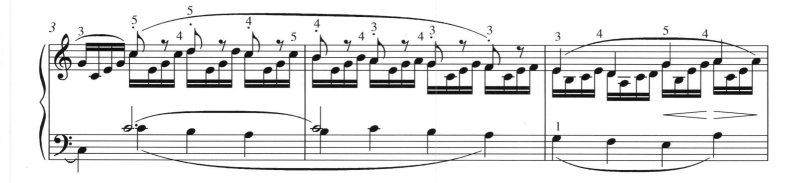

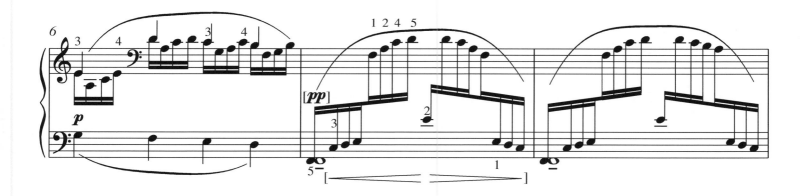

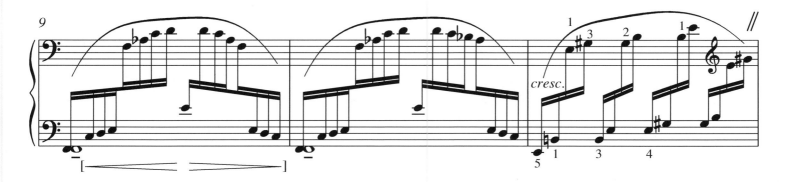

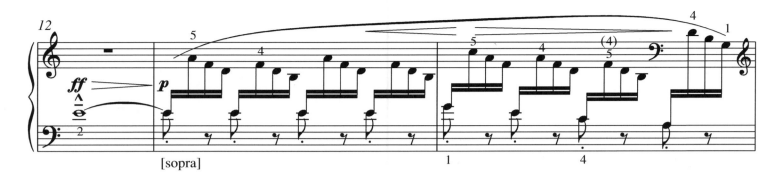

[sopra]

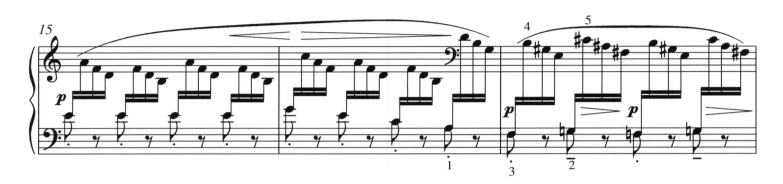

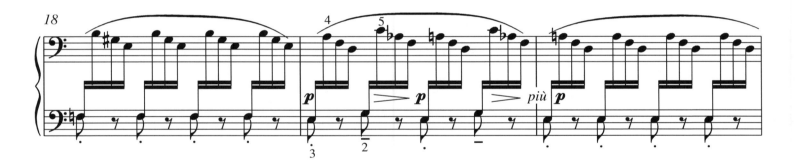

un peu retenu   *a tempo*

m.g.

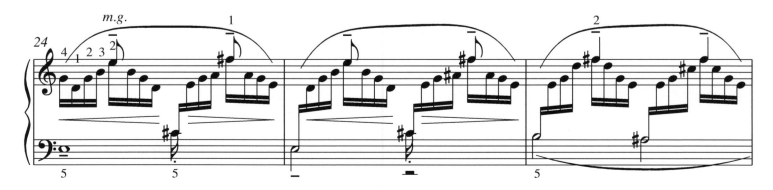

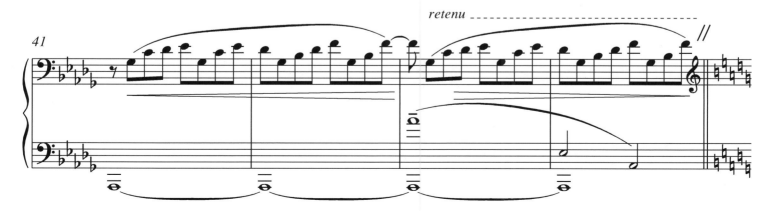

Tempo I

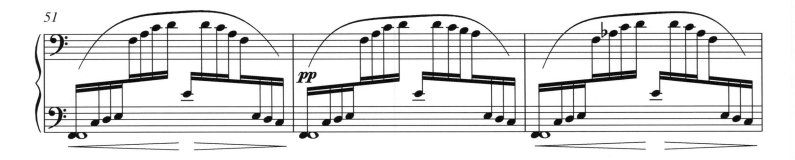

cre - scen - - do - - - -

en animant peu à peu

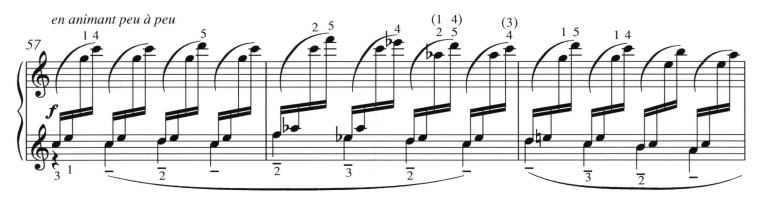

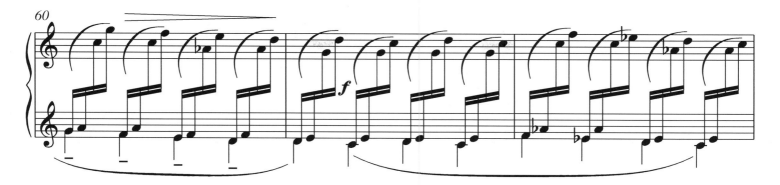

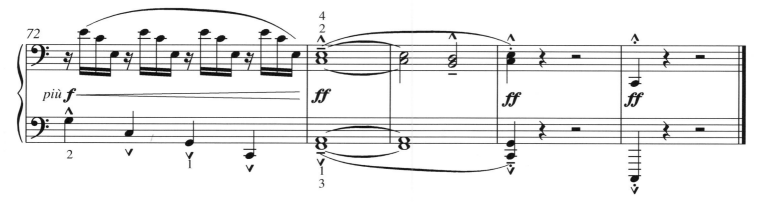

2. Jimbo's Lullaby

Claude Debussy
(1906 – 1908)

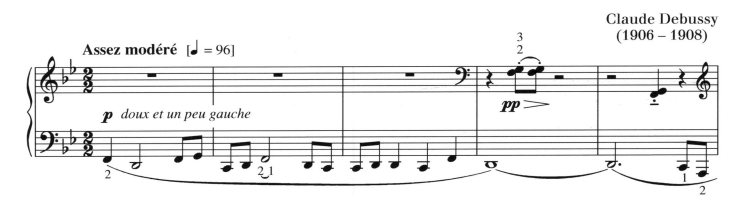

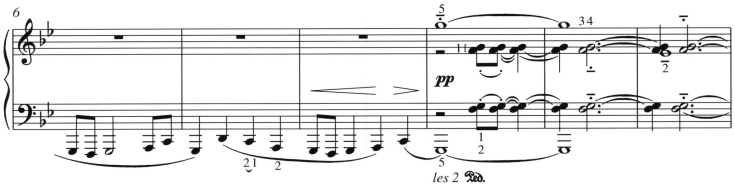

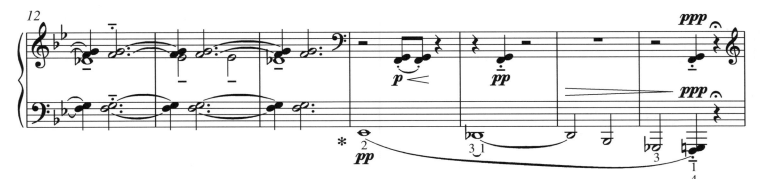

un peu plus mouvementé

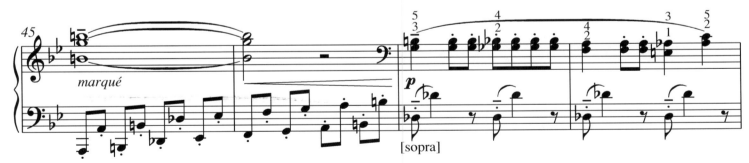

[sopra]

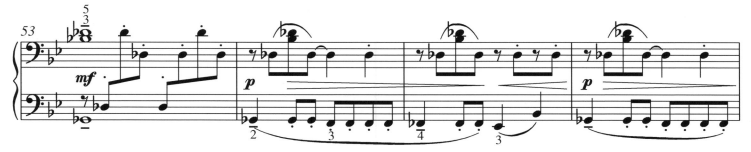

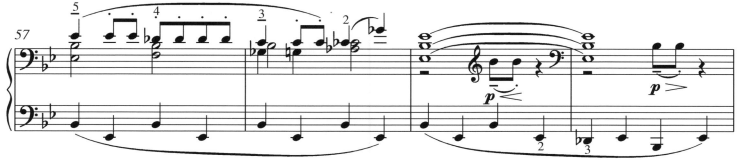

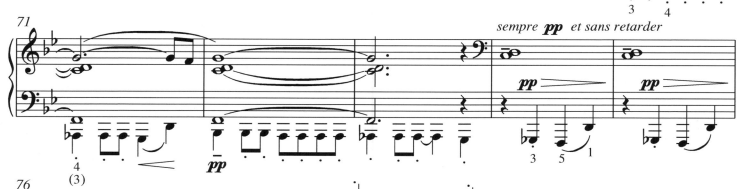

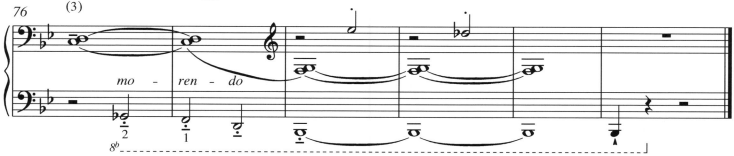

3. Serenade for the doll

Claude Debussy

Allegretto ma non troppo [♩ = 132]

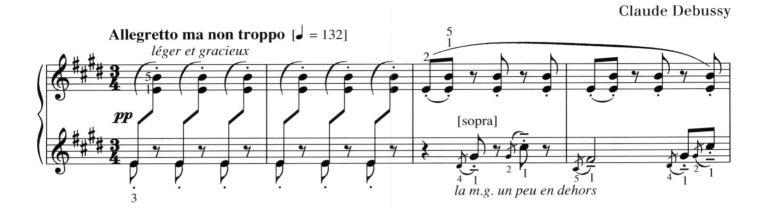

poco a poco crescendo

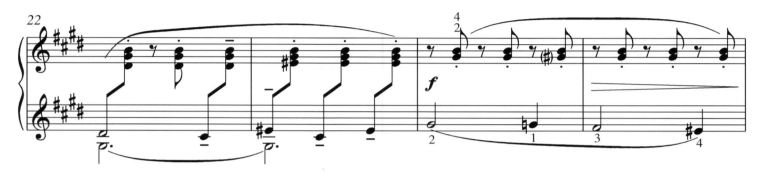

un peu retenu

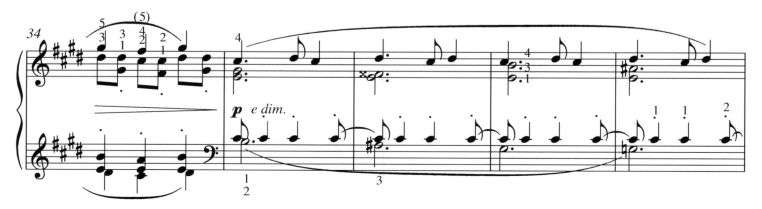

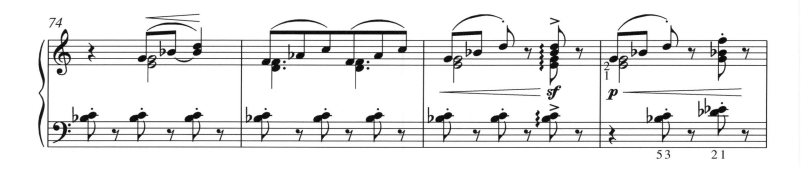

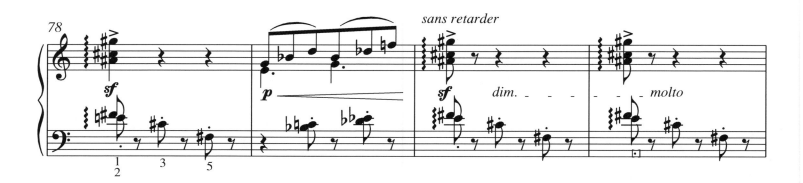

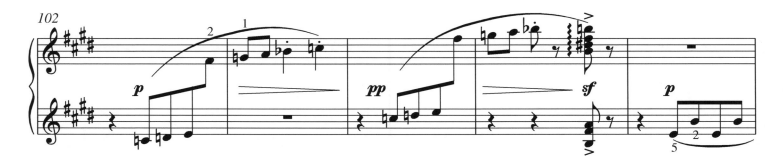

4. The snow is dancing

Claude Debussy

Modérément Animé [♩ = 108]

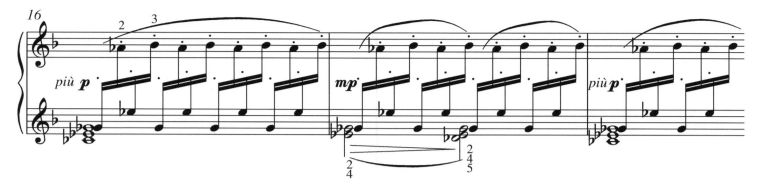

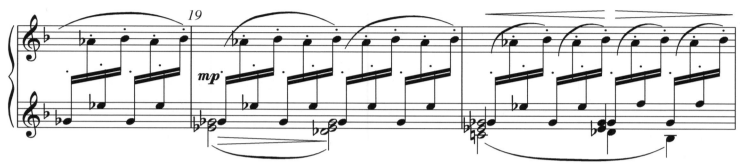

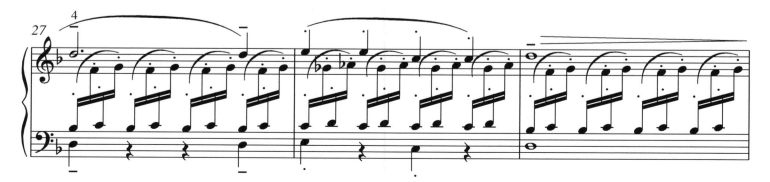

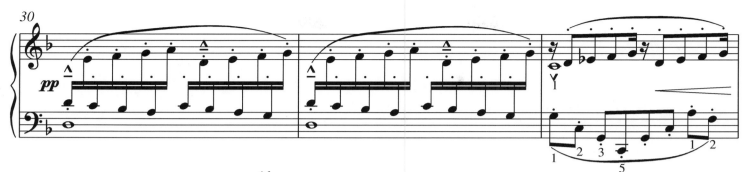

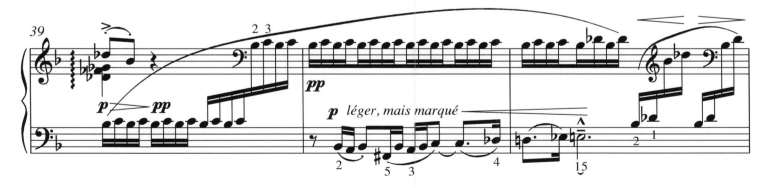

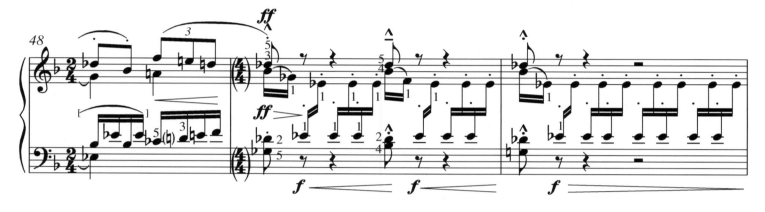

*) Die Takte 53-56 sind im Erstdruck in einem System (r. H.) notiert.
*) Bars 53 to 56 are notated on one system (R. H.) in the first edition.
*) Dans l'édition originale les mesures 53-56 sont notées sur une même portée (m. d.).

[sopra]

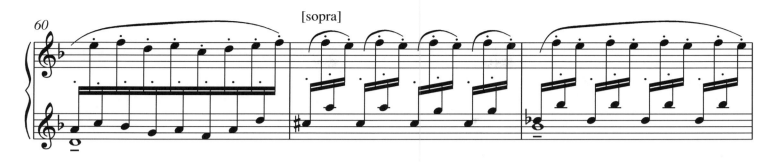

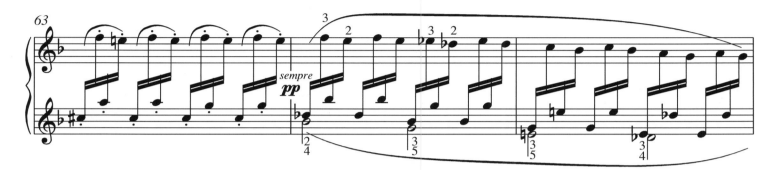

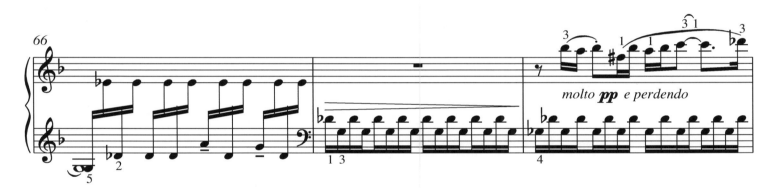

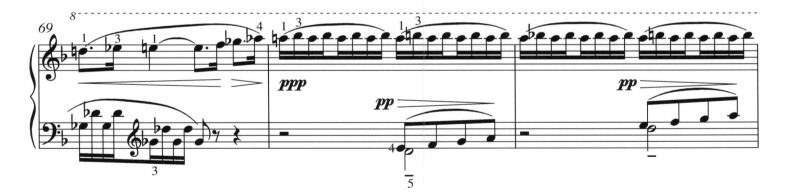

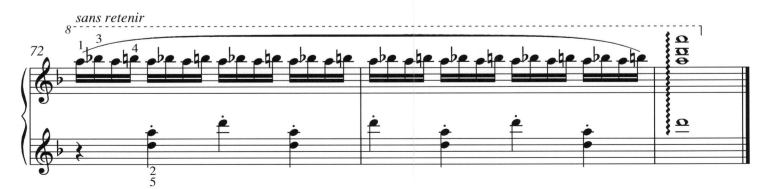

5. The little Shepherd

Claude Debussy

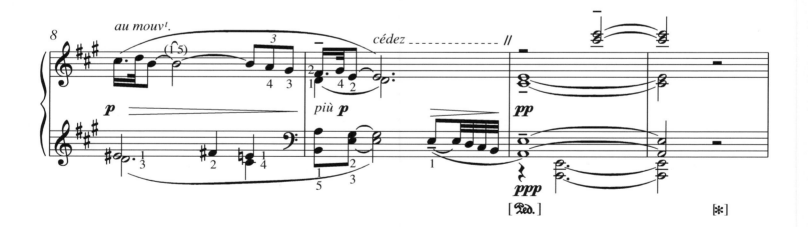

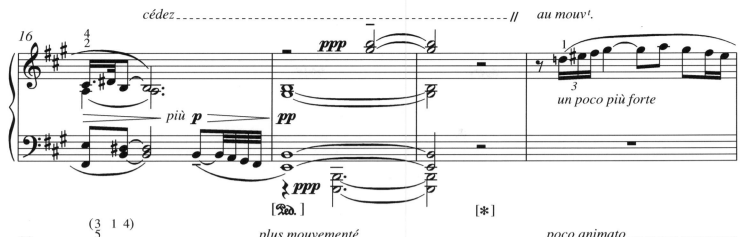

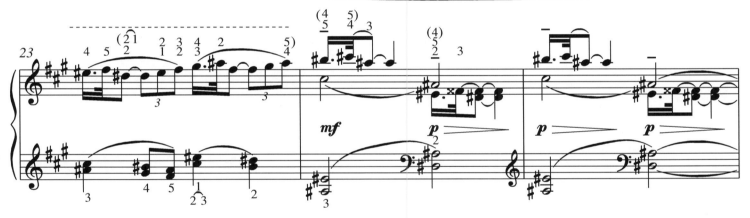

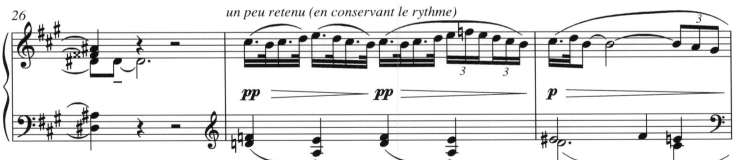

6. Golliwog's cake walk

Allegro giusto [♩ = 104 - 112]

Claude Debussy

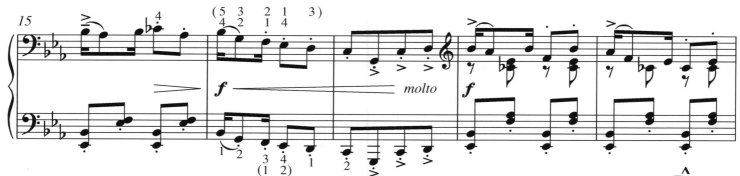

un peu moins vite

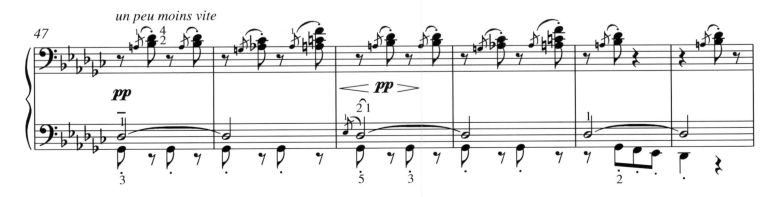

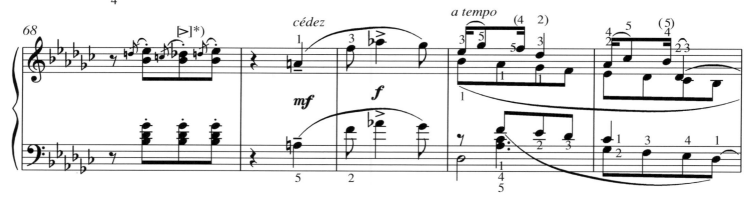

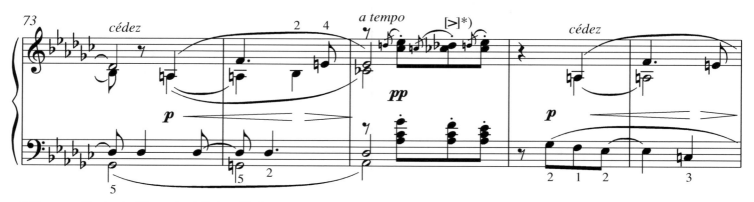

*) Man vermeide eine Ausführung in triolischem Rhythmus.
*) Avoid playing a triplet rhythm.
*) Évitez l'exécution triolée.

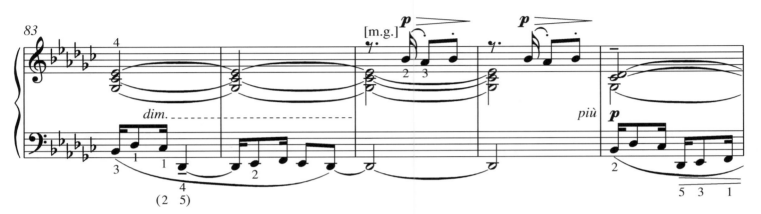

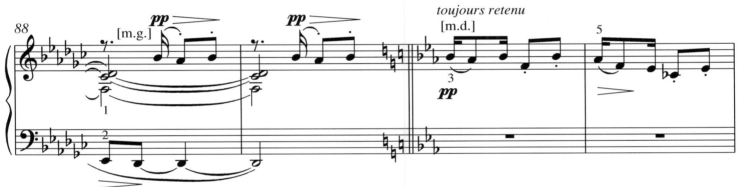

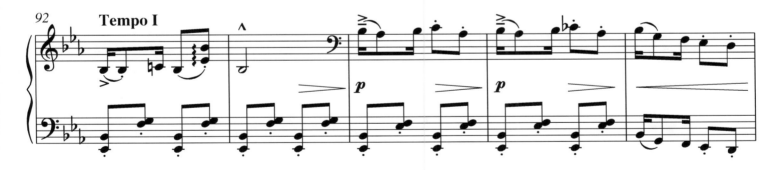

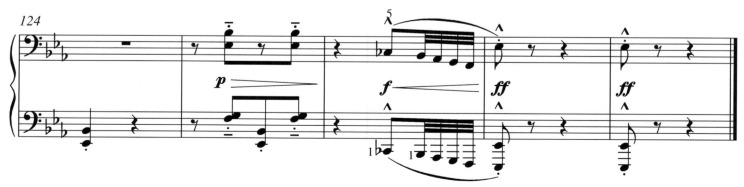